LETTRES

ADRESSÉES

A LOUIS PHILIPPE I.er,

ROI

DES FRANÇAIS,

Suivies de six autres fesant suite à celles contenues dans le Recueil des pièces et documents concernants la réclamation de la commune de Miraumont, au sujet des biens provenants de son ancienne Maladrerie;

PAR

DOMINIQUE JOSEPH DAMIEN, ANCIEN CULTIVATEUR A MIRAUMONT.

Un Roi n'est vraiment Roi, que rendant la justice;
C'est un terreste Dieu, dans ce saint exercice :
Nous l'attendons de vous, puissant Roi des Français;
Pour nous et nos neveux, vous ne mourrez jamais,

A Arras,

IMPRIMERIE DE GORRILLIOT-LEGRAND, CHEZ GORRILLIOT-QUINGNART, RUE St.-GÉRY, N.° 29.

DOMINIQUE JOSEPH DAMIEN DÉLÉGUÉ DE M^r. LE MAIRE DE MIRAUMONT

Au Roi des Français,

Louis Philippe Ier

SIRE,

Sous la date du deux Juin dernier, j'eus l'honneur de vous adresser une humble Supplique à laquelle il fut répondu de suite ; cette réponse qui nous parut dictée sous l'inspiration de la bienveillance la mieux démontrée nous remis dans la voie de l'espérance : nous apprenions que notre pétition était passée de vos mains Royales dans celles de Monsieur le Ministre de l'Intérieur. D'après une telle faveur, nous crûmes que pour répondre à vos nobles et généreuses intentions, Monsieur le Secrétaire d'état allait s'empresser d'amener notre affaire à bonne fin. Attente veine ! Déception nouvelle ! notre cause toute juste et recommandable qu'elle soit n'en reste pas moins ensevelie dans les Cartons du Ministère, ainsi que dans ceux de la Préfecture de la Somme, qui fut d'abord le lieu de son berceau ; mais qui indubitablement sera celui de son Tombeau, si la voix du Momarque équitable nous refuse le précieux avantage de s'y faire entendre.

Sire, celui-là aime sincèrement son Roi, qui ose l'avertir des injustices qui se commettent en son Nom : tels sont du moins, Sire, les sentiments de celui qui a l'honneur d'être

de votre Majesté,

le très humble et dévoué Serviteur,

D. J. DAMIEN.

Miraumont le   Novembre 1834.

Afin de mettre cette affaire dans tout son jour, et de pouvoir indiquer plus clairement les causes apparentes de la lenteur de sa marche, j'ai cru utile de rétablir le texte des lettres qui suivent.

Suites des lettres du Recueil des pièces et documents concernants les réclamations de la commune de Miraumont, au sujet des biens de son ancienne Maladrerie.

Première Lettre.

A MONSIEUR LE CH. DUNOYER, PRÉFET DU DÉP.^t DE LA SOMME

Monsieur,

Ayant reconnu nos prétentions fondées par une lettre à Monsieur le Sous-Préfet de Péronne, datée du 26 Janvier dernier, vous l'engagez à insister auprès de la commission administrative de l'Hôspice d'Albert, pour l'amener à adhérer aux vœux de la commune de Miraumont, afin, dites vous, d'éviter un procès avec cette dernière. Cette lettre équitable nous ayant été communiquée nous avons agi en conséquence ; nous fîmes des démarches tant auprès de Monsieur le Sous-Préfet, qu'auprès des Messieurs d'Albert, toutes furent infructueuses : d'un côté il nous fut répondu d'une manière évasive et passablement insignifiante, et de l'autre par un dédaigneux silence. Il y a bientôt trois mois que, d'après votre avis même, nous vous avons fait passer un délibéré par lequel nous demandons l'autorisation de plaider ; rien ne nous revient ; nous ne savons à quoi attribuer ce retard ; vous sentez, Monsieur, qu'il est pour nous du plus mauvais augure.

Notre réclamation date de trois ans, vous le savez, et nos adversaires n'ont rien de raisonnable à y opposer ; vous le savez encore ; comment se fait-il que depuis trois années, cette affaire qui est aussi claire que deux et deux font quatre n'ait pu encore être jugée ! serait-il donc vrai que Messieurs d'Albert seraient parvenus à trouver le secret, ainsi qu'ils osent s'en flatter' de pouvoir paraliser les organes de la justice pendant trois ans encore.

Cette indiscrète bravade à laquelle cependant nous ne croyons guère, ne laisse pas que de nous inquiéter et nous donner matière à de biens tristes réflect.ons.

Sur tout ceci, Monsieur le Préfet, veuillez permettre à un vieillard sur la tête duquel treize lustres ont passé, de vous dire clairement sa pensée.

Les trop grands ménagements dont vous et Monsieur le Sous-Préfet de Péronne avez toujours usé envers les Administrateurs de l'Hôspice d'Albert, ont excité leur résistance ; favorisés par votre exclusive indulgence ils se croient en position de nous braver ; en effet, pourquoi tant d'égard d'un côté, et si peu de considérations de l'autre ! par les temps qui courent, on ne veut donc point encore déroger à ce vieil adage : toujours aux pauvres la besace ; où est donc cette phylantropie qui doit se faire remarquer dans tous vos actes ; hà ! Monsieur, je ne puis vous le cacher, j'attendais mieux de vous ; pardonnez cet épanchement naïf au cœur ulcéré de votre serviteur.

à Monsieur Gonnet, Avoué à Péronne.

Il y a bientôt deux mois que j'ai remis chez vous l'arrêté du conseil de Préfecture qui nous autorise à plaider ; ennuyé de ne recevoir de vos nouvelles, je vous prie de m'en faire passer par l'occasion du porteur, et me dire en même temps ce que vous penser de l'affaire en général. Surtout prenez toutes vos mesures pour qu'elle ne traîne point d'avantage en longueur ; il y a assez long-tems qu'on la promène. En remplissant un devoir attaché à votre état, vous ferez en même tems une œuvre de charité dont vous serez payé sur la terre avant d'en toucher la récompense au Ciel, ce qui est pour vous doublement avantageux.

Défenseur des droits aussi sacrés qu'incontestables de nos pauvres, marchez sans craintes à la rencontre de la milice dorée de Plutus ; aurait-elle à sa tête et Cujas et Barthole, que la vue seule de vos armes suffirait pour la pétrifier. Je compte sur votre activité.

Octobre 1834.

à Messieurs

Hiser et Gonnet,

en leur remettant l'autorisation de plaider.

Enfin, Messieurs, nous voilà arrivé au point désiré par nos adversaires ; ils ont voulu un procès, ils l'auront ; c'est avec plaisir que nous relevons, le gand jeté ; Messieurs, aujourd'hui plus de transactions ; au droit, au droit ; notre position est belle, votre tâche est facile à remplir, il vous suffit de vouloir et le succès vous attend.

Une remarque essentielle à faire, c'est que lors de notre réunion avec Albert, le bien de notre Maladrerie fut jugé d'une valeur et d'un revenu égal ; conséquemment, Miraumont a dû jouir des avantages de la moitié de cet établissement, ce qui eut lieu d'abord, puisque sur quatre Lits dont il fut composé, deux lui furent dévoulus ; on en augmenta le nombre jusqu'à douze sans que jamais Miraumont fut appelé à y participer, chose bien prouvée par toutes les pièces renfermées dans le recueil ci-joint. Oui, Messieurs, il vous suffit de vouloir et la victoire est à nous, et la confusion à nos adversaires. Agréez, Messieurs, les civilités de

Votre serviteur,

Journal des Conseillers Municipaux, des Conseillers d'Arrondissement et de Département.

━━━━━◦❈◦━━━━━

EXTRAIT

DES DÉLIBÉRATIONS DU HAUT CONSEIL.

Le conseil du Journal, comulté par Monsieur le Maire de la commune de Miraumont, département de la Somme, sur la question de savoir si ladite commune est fondée dans sa réclamation au sujet des biens provenants de son ancienne Maladrerie, et dont l'Hôspice d'Albert joui.

Vu les pièces et documents relatifs à cette réclamation, attendu que les droits de la commune de Miraumont aux revenus de l'Hôspice d'Albert, sont fondés en titres et reconnus par cet Hôspice ; attendu que la conusion qui s'est oppérée en 1695 des fonds constitués au profit des deux communes pour fonder l'Hôspice d'Albert, n'était pas de la part de la commune de Miraumont, une aliénation diffinitive de ces droits, puisqu'elle devait participer aux bienfaits de l'institution de l'Hôspice, en raison des fonds qu'elle accordoit ; attendu que nul n'est tenu de rester dans l'indécision, et qu'il et toujours permis de demander le partage des biens possédés en communauté ; que ce partage est d'autant plus facile ici, que les biens immeubles de la commune de Miraumont existent encore en nature, et qu'il est possible d'en déterminer la quotité et l'espèce, est d'avis, que la commune de Miraumont est fondée à demander sa séparation de l'Hôspice d'Albert, et la distraction de ses intérêts de ceux de cet Hôspice. Cette séparation doit avoir lieu en justice, si mieux l'on aime à opérer le partage par voie de transaction en se conformant aux règles ordinaires.

Délibéré à Paris, le 10 Février 1814, par Messieurs Odillon-Barot, Parquin, Crémieux, Dupin jeune, Hennequin, Balzon, Ariste-Boué et Duvergiez.

Pour extrait conforme, le Secrétaire du comité consultatif,
VROBRPT.

Au Roi des Français,

Louis Philippe I.er

SIRE,

Bien convaincu que le bonheur des Rois est nécessairement attaché à celui de leur peuple ; que le moyen le plus certain de le leur procurer est celui de leur rendre bonne et prompte justice ; puisse ma voix suppliante être entendue de votre Majesté !

Le 18 Avril 1831, j'ai présenté à Monsieur le Préfet de la Somme une pétition tendante à obtenir la dissolution d'une Communauté formée en 1697, par la réunion des biens de la Maladrerie de Miraumont à ceux de l'Hôspice d'Albert. Notre demande reposant sur des titres irrécusables fut trouvée juste et bien fondée dans toutes les juridictions qu'elle à dues parcourir. Plus, Messieurs Odillot-Barrot, Parquin, Grémieux, Dupin jeune, Hennequin, Balzon, Ariste Boué et Duvergiez réunis en corps de Conseil, ont été du même avis; partout enfin, on reconnut à la commune de Miraumont, le droit de demander sa séparation de l'hôspice d'Albert, et la distraction de ces intérêts de ceux de cet Hôspice, observant toutefois, que cette séparation doit avoir lieu en justice, si le partage ne peut s'opérer par voie de transaction.

Sire, ce dernier parti nous convenait beaucoup; nous fîmes, mais en vain, toutes les démarches et tentatives possibles pour y parvenir. L'affaire déclarée du ressort des Tribunaux, fut envoyée à la décision de celui de Péronne, qui, à notre grande surprise, vu tous les avis contraires, s'est déclaré incompétent par jugement du 30 Avril dernier, et a renvoyé la cause à l'Administration.

SIRE, le recueil ci-joint contient toutes les pièces relatives à notre exposé ; veuille votre Majesté, s'en faire donner connaissance.

Renvoyé d'Hérode à Pilade, de Pilade à Hérode, pendant ce temps-là nos pauvres languissent en proie à la misère ; souvent ils ont faim et sont nus, tandis que les détenteurs de leurs biens, vivent dans l'abondance ; qu'il nous soit donc permis d'en appeler à Titus ! le Soleil de la justice luira enfin pour eux : c'est alors qu'oubliant leur longue souffrance, et après avoir béni le Monarque, il leur sera donné de recueillir en paix les fruits si long-tems désirés de leur résignation.

SIRE, dans l'attente de ces jours fortunés, veuillez, agréant l'hommage de mon profond respect, me croire

De votre Majesté,
le très dévoué Serviteur,

D. J. DAMIEN.

Uni de cœur et d'intention avec Monsieur Damien, veuillez aussi, SIRE, avoir mon salut très respectueux pour agréable, et me croire avec un parfait dévouement,

Votre très fidèle Serviteur,

COLLE MAIRE.

CABINET DU ROI.

SECRÉTARIAT.

Paris, le 11 Juin 1834.

MONSIEUR,

J'ai l'honneur de vous prévenir que la pétition que vous avez adressée au Roi, à été mise sous les yeux de sa Majesté qui en a ordonné le renvoi à Monsieur le Ministre de l'Intérieur, dans les attributions duquel se trouve placé l'objet de votre demande avec les pièces qui l'accompagnaient.

Recevez, Monsieur, l'assurance de ma considération distinguée.

Votre très humble et très obéissant serviteur,

Le chef du Secrétariat,

LASSAGNE.

à Monsieur

Le Présidant du Tribunal de Péronne.

Monsieur,

Les regards de nos pauvres sont tournés aujourd'hui vers vous.

La commune de Miraumont réclame depuis trois ans auprès de la Préfecture ; cette Administration ayant jugé la cause du ressort des Tribunaux, vous l'a envoyé à décider ; elle est pendante à votre Tribunal depuis trois mois ; toutes les pièces qui la concernent sont renfermées dans le recueil que j'ai l'honneur de vous adresser, vous y trouverez aussi la copie d'une consultation du plus haut intérêt et dont d'ailleurs, votre sagesse éclairée saura bien apprécier le mérite. Veuillez, Monsieur le Président, ayant pris connaissance de l'ensemble, ne plus différer plus long-tems à ordonner l'appel de cette affaire : votre empressement à vous rendre à ma prière vous attirera les bénédictions de mes infortunés cohabitants, et la vive reconnaissance de celui qui a l'honneur d'être

Votre etc.

Miraumont, ce 2 Mai 1834.

à Monsieur Gonnet Avoué.

Monsieur,

Après un an d'attente et de belles espérances, le tribunal de Péronne vient donc d'accueillir notre réclamation par une condamnation! ce résultat il faut l'avouer, est bien mortifiant pour nous; mais qu'il est peu flatteur pour vous. Selon moi, Monsieur, si vous aviez fait un plus sérieux usage des lumières dont nous nous efforçâmes d'entourer les vôtres; (certes) il en pouvait arriver mieux, Monsieur : ce que je dois penser à présent, c'est que j'ai mal choisi mes champions; à d'autres sans doute est réservée la gloire de conduire la cause à un dénouement plus heureux.

Aujourd'hui ce que vous pouvez faire de mieux pour nous, c'est de nous renvoyer sans délai toutes pièces nécessaires à nous pourvoir ailleurs, afin de réparer au plutôt cette échec si facilement obtenu, que nos adversaires en ont ris; mais rira bien qui rira, le dernier.

à Monsieur Gonnet, Avoué.

Monsieur,

D'après l'impassibilité que vous avez montrée en voyant tomber notre affaire de l'Hôspice sous les coups d'une déclaration d'incompétence et d'une condamnation aux frais, on pouvait bien s'attendre à la négligence que vous auriez mise à nous envoyer les pièces nécessaires à nous en relever ; en effet, depuis un mois que cette affaire est terminée, pourquoi nous laisser dans la malheureuse position où nous sommes quand, munis des pièces précitées et dont l'expédition dépend de vous, nous pourrions en sortir si facilement.

Monsieur, nous vous avions armé à l'invincible, et vous vous êtes laissé vaincre, à vous la confusion ; pour nous ce n'est qu'un peu de tems de perdu, car une bonne issue n'en peut être douteuse ; appuyée de titres irréfragables, notre cause un jour ou l'autre sera jugée selon son mérite.

Je sais bien qu'aujourd'hui, nos adversaires triomphent et nous croient attérés ; ha ! combien ils se trompent, je sens mon courage se retremper au milieu des obstacles ; et si, ce qu'à Dieu ne plaise, il arrivait que dans notre belle France, on ne trouvât plus la justice sous la toge et la simarre, tout petit et faible que je suis, après avoir imploré les secours de celui qui tient entre ses mains les destinées des Empires qu'il brise ou affermit selon sa volonté sacrée, je gravirai jusqu'au Trône ; et là, je l'espère, nous la retrouverons assurément encore dans sa splendeur native et virginale, sous le Sceptre et la Couronne.

D'après l'impossibilité que vous avez éprouvé en voyant tourner notre affaire de l'Hospice sous les coups d'une déclaration d'négligence et condamnation aux frais, on pourrait bien attribuer à la négligence que [illegible] rejeté nous aurions les [illegible] à vous en [illegible] [illegible] [illegible] affaire en première, pourquoi nous laisser dans la malheureuse position où nous sommes quand, réunis des pièces probités et dont l'expédition dépend de vous, nous aurions

Monsieur, nous n'aurions [illegible] à l'Ha finalité [illegible] vous vous êtes laissé entraînère, à votre occasion, pour [illegible] [illegible] [illegible] peu de tems du procès, car une bonne issue n'en peut être douteuse, appuyée de titres irréfragable[illegible], [illegible] [illegible] [illegible] la justice jugé selon son mérite; mais [illegible] [illegible] adversaires triomphent et nous croient altérés et insensibles [illegible][illegible], je sens mon courage se ranimper au milieu des [illegible] [illegible] [illegible] Bien ne plût-il [illegible] serait que dans [illegible] belle France [illegible] Le [illegible] plût la loch à [illegible] [illegible]ge et la misère, tom[illegible] et faible que [illegible] [illegible] [illegible] [illegible] les secours de celui qui [illegible] ses mains les désire. Les [illegible] il[illegible]it ou aller [illegible] selon [illegible]orte, je gravirai jusqu'à Thétis; et là, je l'espère, [illegible]terr[illegible] [illegible] [illegible] encore dans sa splendeur native et virginale [illegible] le Sceptre et la Couronne.